文史哲詩叢
23

玫瑰歲月

張 健著

文史哲出版社印行

國家圖書館出版品預行編目資料

玫瑰歲月 / 張健著. -- 初版. -- 臺北市 : 文史哲, 民 86
面 ; 公分. --（文史哲詩叢 ; 23）
ISBN 957-549-065-7 (平裝)

851.486

㉓ 文史哲詩叢

玫瑰歲月

著者：張健
出版者：文史哲出版社
登記證字號：行政院新聞局局版臺業字五三三七號
發行人：彭正雄
發行所：文史哲出版社
印刷者：文史哲出版社
台北市羅斯福路一段七十二巷四號
郵撥〇五一二八八一二彭正雄帳戶
電話：三五一一〇二八

實價新台幣二四〇元

中華民國八十六年四月初版

ISBN 957-549-065-7

自序

這是我的第二十四本詩集，共收一百六十四首詩，都是一九九六年一年中所寫的。這是又一豐收年。

我的詩是絲柏；
我的詩是野花；
我的詩是老鷹；
我的詩是鴿子；
我的詩是小舟；
我的詩是渡輪。

書名叫「玫瑰歲月」，其實是「玫瑰歲月已逝」的省略語。

附錄二篇：一爲中南財經大學台港文學所所長古遠清教授所作，一爲台灣大學的洪淑苓教授所撰，他們對我的詩，都可以說是知音，值得讀者參考。謝謝大兒張嵐、二兒張遠爲我打字。

張健　一九九六年歲末

玫瑰歲月　目錄

附錄：

一九九六

一九九六是一座高樓
日蝕月蝕都將在此上演
一九九六是一道長堤
栽遍江南的楊柳
一九九六是一隻橄欖球
衝鋒陷陣，入夜方休
一九九六之秋：
我將由自家樓頭
直飛彼岸的杭州

一九九六元旦

野貓

愛情是一隻野貓
慣於喵喵嗚叫
有時舐一下你的手腳
　濕濕又癢癢
有時咬你一口
　使你痛楚久久
最後，縱身一躍
乍然消失在窗外

羅馬

未到羅馬時
條條大路通羅馬
既已到羅馬
道路都成了蛛網

聖彼得，萬神殿，梵蒂岡
還有那真理之口頻頻閃光
鬥獸場中高高下下
彷彿傳來千年前的歡呼

西班牙廣場拾級而上
一對新人擁吻燭光
米開蘭基羅的幽靈

處處跟我狹路相逢
許願池中一枚里拉
訴說了亙古奇蹟
聖保羅的長劍
挑醒了遠空的寒星

由聖母大教堂而西
一列古早的城牆向旅人寒暄
國家大道源遠流長
鞋店與書肆瞪眼對峙
最後是漫長的流浪：
五小時的迂迴盤旋
我是張騫的子孫
在古傢俱行的木雕書桌上
窺見了另一種生命

一縷似有若無的炊煙
逸向君士坦丁凱旋門
而一大群灰鴿子
占領了羅馬的天空

一月十日

後記：去年十二月二十九日到今年一月七日，隨團遊意大利，首站和末站都是羅馬，在此停留兩天又半。

意大利

眼見落日征服了整個意大利
我默默無語

山崩，水溢，雪落
米開蘭基羅依然如故

達文西由最後的晚餐中走出來
向迷茫的旅人展示真理

一隻特大號靴子
每天輕踢地中海一萬次
把嬌豔的地中海
踢得冒出陣陣水汽來

一月十三日

冰山

我是一座冰山
翱翔於九天之上
不溶化，不落淚
永不向太陽低頭

一月十七日

版畫

我是一幅版畫
天天複製自己

每一宗複製品
都有一些異樣

攻

我是一員足球健將
猛踢一隻超級皮球

攻入妳雜草叢生的禁區
啊呀一聲，雙臂高舉

一月三十日

番薯

我是一隻大番薯
被戀火烤得焦熟

靜靜地躺在那裏
輕輕地等妳剝皮

眼睛

我在一座火山上
沉沉睡著了

滿山的樹木
都成了我的眼睛

二月二日

牙齒

每一顆牙齒
是一扇柵門
裏面飼養著
牛羊雞鴨豬

每天開柵關柵
是多麼辛苦
終於有一天
柵門全倒了

苦水

向蔚藍的地中海
傾吐了一腔子的苦水
我登上比薩斜塔之巔
撕碎了上帝的臉

二月十四日

盪秋千

每天每夜秋千
由天堂盪到地獄
再由地獄飛翔到
無 何 有 之 鄉

二月十七日凌晨

我

我是一隻快樂的鶴
天天擁抱朝陽
我是一條悲傷的魚
天天沉溺黑夜

走

喝飽晨曦放步走
走盡了五湖四海

白露

站在歷史的巔峰
仰望無邪的天空
一隻白鷺提供了
一場未來的盛宴

白頭

白頭的希馬拉雅山
輕撫我新萌的白髮

前途漫漫復茫茫
我是雅魯藏普江

隧道

黑夜是一條漫長的隧道
我在其間不斷地徘徊徜徉
天亮時霍然一響
隧道已昇華為晨光

二月十八日

絲綢

愛情是一匹絲綢
貼身時十分溫柔
撕裂後一片亂絮
在風中發出哀音

二月十九日

生命

一間掛滿地圖的房間
你不斷地來回徘徊
左思右索，東顧西盼
總不能決定：
向那一個港灣
去放帆遠航

冬天的梧桐

梧桐樹頂有一片黃葉
我努力攀爬上去採摘
羅馬冬天的一棵梧桐
恰似一位垂老的哲人

月笑

清風製成了你的滿肩秀髮
明月釀就了你的兩頰微笑
我只想躺臥在你的雲海裏
做一場超越時空的彩色夢

灰鼠

一隻灰毛小老鼠
踞坐在書桌上
跟我瞪眼對視

我不禁想起冰心
但是並不願
用餅乾屑餵牠

只打算把牠送到
窗外的青山中
讓牠做一位隱士
獻身於世界和平

鼠年年初一

日月

太陽只是一隻爛柿子
專供天下的貧民吸食
而富人們寧可吃檸檬
黃昏以後才仰首用餐

二月二三日

記者招待會

總統說幾句
院長說幾句：
今天天氣真好！
屋裏飄著低語
窗外落著細雨

二月二十四日

書城

我把書籍塞滿了房間：
最典型的一個書城！
偏偏忘記了一件事：
我自己在何處容身

節食

每天摘一顆星作晚餐
除此之外
嚴格奉行節食

一百年之後
我化為一顆行星

二月二十七日

破冰船

愛情是一艘破冰船
勇猛、銳利
直衝向冰河深處

春來冰溶時
它乃一湧而下
再也收拾不住

海峽近事

閩浙邊緣佈列了
一些黑色的棋子
著棋的盟主
似在雲中霧裏

有人欲跨越海峽
搗碎那畸型的棋盤
有人以花生殼為盾甲
悠然冬眠一百天

一百種哲學在孳長
而選戰方昂揚
旗幟正四處飄蕩

太平洋忽然咆哮起來

滿天的猶疑
正籠罩著歷史
而梧桐樹依然歡迎
假設的鳳凰

報紙媒體有志一同
譴責空氣和太陽
美國日本敵邦友邦
常常弄不清方向

黃帝也伸了一個懶腰
說：且慢開火
大家回去做三回合瑜珈
然後再好好坐下

坐下做甚麼？做甚麼？
不料從此失去了回響

二月廿八日

中影文化城

假城假屋蠟人
更有印第安馬車
立體電影十三妹
三峽風光三六〇（註）

不見萬里長城
不見荊關馬范
只剩小吃零嘴
幾兩糖炒栗子

人們茫茫昧昧
遠山莽莽蒼蒼
幾縷歌聲鏘鏘

這個下午何處去？
旗幟傳單滿地
烏雲愁顏塞天
中國文化在遠方
化為一陣清風

註：三百六十度的大銀幕放映三峽錄影帶。

陽光中的鳳凰

你是禪
你是夢
你什麼都不是
今天早晨的陽光

陽光中一隻鳳凰
誰也不知道
她從何處來
將飛向何方

三月五日夜

濃濃的光陰

我把一整個下午
壓縮成一小時
把自己壓縮成
一隻琉璃酒杯

來，來，來
飲一杯濃濃的光陰

三月六日

合

一條英勇的蚯蚓
奮不顧身地
闖進大地的洞穴
而陽光淡淡地灑下
如一闋結婚進行曲

三月七日

偶然

淡淡的春天就這麼降臨
甚至沒通知一聲
一抹微笑是那麼朦朧
一車人群都默默無語

苗栗有座大坪頂
服役時我曾將它佔領
不料竟成為你我共同的
共同的記憶和話題

用一張荷葉証明蓮花
讓一片白雲洗滌天空
我忽然自你清麗的面頰

·39· 偶然

發現一個永恆的據點
莫追問我的過去
且探索你的未來
偶然的歷史便如此展開：
一陣曉風輕輕拂過湖心

三月八日夜

生命

一群蓬首垢面的俘虜
在黑夜中踽踽前行
走到天亮時
一一化為雪人

三月九日凌晨

鷹翔

虛無縹緲間
追尋一老鷹
只見紅霞滿天
未睹一人一鳥

我仰天浩歎
脱去全身衣褲
赤裸裸頂天立地
唱一首宇宙之歌

醉去又醒來
西風連白雲
我終於展翼

化身為蒼鷹

三月十日

中共試射飛彈

左手扳一下彈弓
右手發一枚彈丸
一名老頑童
躲在雲裏霧裏
居高而臨下

有人說台灣是一條船
右划它一槳
左划它一槳
把它划到南半球
該多麼安全

不過中國大陸是一艘軍艦

它會一個勁兒地
長驅直入
使你船翻人亡
且定定地泊在這裏
昂然挺舉起頭顱。
一千零一夜的故事
總有完了的一天……

三月十一日

心瓶

把我囚禁在你的心瓶裏
每天灌一滴露水

我逐漸變成了一個侏儒
乖乖地聽你的教誨

有一天我的翅膀伸展了
竟把你的琉璃瓶拍碎

三月十四日

隕星短劇

一顆大星星
跌進煙囪裏
一隻大老鼠
牆角哇哇叫
中彈，殞命

三月十五日

落花

在螞蟻和蜜蜂之間
有一隻翩翩的蝴蝶
在你跟我中間
有一片淒楚的落花

三月廿三日

選戰

一隻隻乾枯的小手
一面面放肆的大旗
一座山莊燃起戰火
一場綺夢反覆叫價

三千家庭的移植
萬頃絮語的播種
天國地府的輪迴
電視報紙的盛宴

大大的殷紅的嘴
懶懶的紫灰的腿
一位馬拉松選手

一棵蒼老的落葉松

不可分辨的臉
不容舔食的淚
大餅分千塊
人頭落滿地

一群狐狸呼嘯而出
一匹野狼迎面闖來
這闋大歌劇何時落幕？
司幕人業已僵斃

無名的火炮響起時
黎明曖昧地降臨
有人吞吞吐吐
詛咒昨夜的誓言

千門萬户度過了
一個額外的除夕
清掃巷子的老頭
掃光了那些姓名

三月廿四日大選後翌晨

美術館

他們都去大峽谷了
我卻悠悠閒閒地
尋訪一座拉斯維加斯的
小小美術館
欣賞其中的幾幅童畫

一共轉了三趟車
遇見兩個男司機
　　　　白人
　　兩位女駕駛
　　　　黑膚
詢問了三位路人
　　一名鄰座

賭城的陽光像
一碗碗的清湯
潑灑在我很東方的
頭顱之上

四月六日

後記：日前遊美西，一人走訪拉斯維加斯美術館。

拔河

每天和天空拔河
一次，兩次，三次
陽光，風雨，霜雪
都是我親愛的對手

四月八日

膨脹

我陡然膨脹為一隻氣球
直飛到太陽的懷抱
沒有人認識我的新貌
我在月亮的背後低嗥

五月八日

禮物

驕傲的原木地板
粉紅色的天花板
加上四堵粉白的牆
將我包裝為一宗禮物

我不復掙扎，只低聲詢問：
你們要把我送給誰？
天空？沙漠？海洋？
還是無垠的遠方？

五月十一日

鳳凰木

我把一顆落齒埋在地裏
填實了肥沃的泥土
第二年春天，一棵鳳凰木
突然破土而出
繁花滿樹

五月十二晨

政治

像大片烏雲
籠罩大地山川
像滿天陽光
照亮每張臉龐
是春泉潺潺
注入山野人家
是車聲轟轟
侵襲大廈教堂
你站在十字路口

不知何去何從

五月十三日凌晨

落齒

一個兒子失蹤了
只覺屋角空空洞洞
不知東西南北
到處探索查詢
留下一些髒亂衣物
還得仔細收拾
何時報警備案？
再養一個嗣子！

愛琴海

愛琴海，愛琴海
我常常夢見妳
維納絲由一枚大貝殼展翼
但不時尋覓她的雙臂

一艘豪華巨輪
在希臘和土耳其之間
躊躇，徘徊

吹盡妳的薰風之後
我索與捧起妳所有的島嶼
收入我的背囊
揚長而去

香港

維多利亞海輕吻你的雙頰
你引頸瞻望未來
紫色的九七之後
你將沉寂
你將發飆
上帝也不敢回答
廣州灣的餘波
使你盪漾沸騰

澳門

一隻古老的貝殼
沒有人懂得她的奧秘
（半熟半澀的葡萄
古老古老的葡萄牙）
澳門是香港的一扇側門
包容了無數世紀的風濤

夢幻帝國

妳是羅馬、龐貝
妳是威尼斯
妳是翡冷翠
妳是一夢幻帝國

擁抱妳
親吻妳
膜拜妳
蹂躪妳

我曾經走過亞平寧山脈
我曾經越過阿爾卑斯山
我曾經涉入蔚藍的地中海
深深，深深，深深

鴨綠江

鴨　綠　江
我常常在妳的懷裡散步

鴨　綠　江
春江水暖鴨先知

鴨　綠　江
消溶了所有的砲聲和烽火

鵝鑾鼻

溫柔而豪放
妳是美麗島的么女
海浪日夕輕舔妳的腰肢
妳是不羈的俠客
而燈塔是妳的生命
他英邁沉毅
什麼也不宣示

競選

我有五種色彩
你有八種顏料

我有千條舌頭
你有三萬張嘴

我在沙上建塔
你入雲中造樓

你有六家銀行
我擁九座農會

你有一杆長槍

我發四顆子彈

Do Re Mi Fa So La Si Do

五月十三晨

剃

收割者
低著頭
割麥子

一不小心
剃光了
老地球

五月十四晨

沒接到的電話

一通沒接到的電話
令人心頭癢癢的
一個流產的胎兒
一首沒寫成的詩
餘音嬝嬝
如煙如絲

鐘聲

鐘聲
方寸無遺地
洗滌了遼闊的大地
我在鐘聲中
濃縮為一隻橘子

殉情

一輪落日
使我震撼
不發一響地
我躍入夕陽的餘焰

石榴

石榴石榴
頑強的頭

打開胸膛
鮮血淋漓

石榴石榴
攜我遠行

跳水者

千姿百態
雙臂雙腿
只此一躍
便成永恆
（你的眼睛
到底在那裡？）

口哨

我是一條河
每天跟長江賽跑
我是一座山
時時跟聖母峰比高

我是一株青草
在陽光下異常渺小
只敢低聲啜泣
偶然吹一聲口哨

五月十五晨

對位法

你是一片海水
你是一座港灣
你是浮光躍金
你是長空行雲

我是海底珊瑚
我是港中漁船
我是魚·
我是風

對談

早晨六點
窗外青山
跟我娓娓對談
景美溪依依傾聽
朝陽施施然升起
我與青山
握手言歡
溪水隱隱約約在伴奏讚歎

無題

掩映於樹叢深處
你那兩隻水蜜桃
吃下去長生不老

你那一綹黑色的瀑布
沖下來，沖下來
把我活活溺死

六月二十四日晨

飲

早晨我由嘴唇吸起
夜晚我痛飲乳房
你是一罐飲料
我將吸盡你
所有的液體

天葬台上的獨白

落日以他鮮豔而溫和的光芒
催促著周遭的山岩坑穴
彷彿他有一宗未完成的任務
欲向老天作最完整的交代

身上的酥油惹得我癢癢的
莫非死亡也是一種疱疹？
這襲臃腫的厚棉被
把我裹成了木乃伊！

龍鍾喇嘛的超度經文
此刻猶在我的耳際迴盪
猶如某年某月某夕

一罵街的潑婦頻頻灑出的音浪
來了來了！第一隻
第一隻是鷲是鷹？
我已看不清天地玄黃
也不屑再睜眼分辨

焚盡的骼粑猶留下一股餘臭
我抿住雙唇，欲忍受
猛禽的利喙，且計數
天庭與大地變態的節奏

沙在一寸一寸的陷落
夕陽在一秒一秒的消逝
而那致命的剁啄終告開始
酷似外科醫生揮舞他
晶光雪亮的手術刀

我應該昏迷？應該祈禱？
應該作一番哲學的玄思？
還是什麼也不想
什麼也不作反應？

來了又去了。我像一個娼妓
熬受那些惡形醜漢的蹂躪
他們說這是每個人的命運
而我是大地的兒女！

快快過去吧。我早已將
呻吟趕出了我生命的辭典
也從未學會歌唱
哼小調的本能早已遺忘

據說有些遠來的遊客
愛到天葬台來觀光

且以巨型的照相機
攝下這兒的光光影影

這一切多麼可笑荒唐
死亡又不是一齣賣座好戲！
也許明早有人會匆促蒞臨
捶擊我喙餘的頭顱

天葬？葬天！
我不知什麼才是真理
啊，當我粉身碎骨時
蒼天定也會瞑目而逝

凌晨

星光，路燈，蟲鳴
隱隱的車聲
織成一隻黑色的錦囊

我奮勇起床
義無反顧地
投入這錦囊

七月十八日晨

焚

真正恨不得，啊
把未來所有的日子
都像柴火似的
一根一根地
痛痛快快地
劈成兩塊、三塊、四塊……
然後，焚燒焚燒
為一宇宙的煙灰

蛋糕

他是一塊蛋糕
一天新鮮
一天發霉
第三天無味無臭

我是一塊大蛋糕
每天憂鬱地發酵

八月六日晨

蒼蠅

寫了一整夜的
　　蠅頭小楷
我變成了蒼蠅
飛入黑夜深處

八月十一日

茅台酒

我是一罈茅台酒
每個人喝了都醉
只有你無動於衷
更把我一腳踢碎

八月十二日晨

全壘打

開花了！巨蛋
投手俯首哭泣
打擊者攘臂
歡呼，輕輕踏破草皮

奮勇接住那球的男孩
一夜難眠，悄悄鑽入球心
白雲夠不到你
說了好幾句風話
辛酸地離去

愛情

愛情是一頂蚊帳
緊緊罩住兩個恍恍惚惚的影子

愛情是一具蒼蠅拍
一口氣打扁了兩隻蒼蠅

愛情是一匹駿馬
奔入深林不回頭

八月十八日晨

槍彈

我是一顆銳利的槍彈
每天清晨
呼嘯而出
打穿厚厚的一疊報紙

八月廿八日

午茶

我跟最北邊的一顆星
一起喝下午茶
娓娓對談風月
後來她倦了
打了一個很美麗的呵欠
倏然消失

九月一日晨

化

伏案工作了一億小時
我化為一顆星子
奔赴天堂的路
竟如此寬闊

九月二日晨

心臟

我的心臟是
一塊大蛋糕
切成兩百片
饗宴全世界

九月三日晨

仰望

我在小白鼠肚裏
睡了一大覺
醒來，在牠背上
挖了一個小洞
仰望朝陽

九月四日晨

愛情

愛情是一艘小船
漂流於千山萬水之間

有一朝船底漏了
東擺西晃
左掙右扎
終竟沉溺於永恆

九月八日晨

躍

子夜，我騰躍而起
跳進太平洋裏
跟偶然過路的一隻海鷗
下棋

九月廿八日晨

躺臥一個下午

我在兩座山中間
躺臥了一個下午
聽風
品雨

我化為泥土

十月二日晨

賜

老天連夜頒賜我
一大盤星星
我一口氣把它吞下
頭暈，肚痛，腹瀉……

日記

我的日記是大海
魚龍龜鯨與浪濤
我每天在其中
游去又游來

而且納悶：哪一天
我才會淹死於其間

十月四日晨

雪峰

我攀登玉山之頂
欲窺探天庭的奧秘
只見熠熠群星肅定
叮嚀我化為雪峰

剃度

玫瑰歲月已失蹤
不知天南地北
我悄悄對杜鵑説：
我的靈魂已剃度

鑼

歷史是一面破鑼
敲敲打打永不休
我將鮮血滴鑼心
日晒風吹成奇景

十月十日

數

我向胸前摸了又摸
眾肋已呈井字形
天天數生命的饅頭
數到天昏地暗

數到盡頭，便是天國
忽然一聲驚呼：
我不入地獄
誰入地獄！

十月十二日晨

無題

大海把我吞下去
看不見一絲蹤影

上帝在海面上奕棋
隨興砲打龍王宮

買

排隊的人們議論紛紛
今天又太陽缺貨

買不到太陽
買一打月亮

買不到月光
買一盒碎星

排隊的人們紛紛打呵欠

小雞

我是一隻小雞
每天琢磨大地
大地不痛也不癢
餵給我一個微笑

十月十六日晨

蠟燭

厭倦於不斷的點燃、煎熬和發光
我只想靜靜躺下

躺在黑夜裏
幻想滿天星子
都奔竄過來成為我的情婦

隱居

我濃縮——
走進一隻小瓷瓶
做一場壺公之夢
清晨醒來
仰天長嘯
享受井蛙的快樂

十月十七日晨

合一

深夜零時
床把我拱抬至
天空深處
我與雲霞合一

十月十九日凌晨

老虎

窗外的青山
是一頭猛虎
每天清晨
對我虎視眈眈
我等待那一躍而下的動作
已等了足足十年

十月二十二晨

睡覺

我在太陽裏睡覺
請你們不要打攪

醒轉後大打哈欠
然後冉冉地飄降

神遊

太空之外
更有太太空

一群輕氣球
猛烈地撞擊我

吃素

左有乾隆皇
右見樊樊山
寫詩幾萬首
吃素一千年

註：乾隆號稱有詩十萬首，樊增祥有詩三萬餘首，此二人爲歷代詩人中產量最多者。

海龍宮

海水灌滿了我的胸膛
我變成了海龍宮
只是有一點寂寞
歡迎親友來探訪

跛

我有一點跛
請大家原諒

昨夜三點半
我登上玉山

寂寥

寂寥是一塊特大號豆腐乾
縱橫細切兩百刀
就變成了海砂一萬粒

有人提著一盞小燈籠
在黑夜的大海中
尋覓一隻黑貓

十月廿七晨

白開水

人生是一場場災難
與幸福合成的夾心餅乾
咬下去很傷牙齒
掉牙齒的老人說：
給我一杯白開水！

十月卅一日

咬月

中秋節那晚
我家斷了炊
每個人都伸長了脖子
仰首，瞄準
狠　狠　地
咬一口月亮

十一月八日

皮鞋

我有一雙皮鞋
傳自老爹腳下

有人嘲笑我
我卻泰然自詡：
這是一則很美的寓言

十一月十一日
紀念爹爹百歲冥誕

奇景

太陽和月亮擁抱在一起
慶祝宇宙的生辰
地球上只有一個人
親眼目睹這奇景

飲月

昨夜子時我
一口氣飲盡
七公升月光
且仰天長嘯

十一月十五日晨

水仙

以秋波滋潤眾生
以雪峰征服太空
用黝黑漆亮的瀑布
洗滌遼闊的大地
她仰慕水仙花
迎受每一個太陽的熱吻

雨國

雨國集團軍
以無比凌厲之聲勢
包圍了我的田園

我解衣盤礴
運丹田之氣
昇華為一輪太陽

練兵

廣袤的黃土高原上
三百萬人在練兵
我悠然躺下
喝了一盞龍井茶

十一月十七日晨

隱居月球

我在月球上租了一塊空地
（就在寧靜海南端）
建立我的殖民王國
每當地球發生混戰時
我便吹響我的長笛
至於返鄉探親的日子
也不知道為甚麼
卻始終遙遙無期

死亡

死亡是一隻柿子
渾身紅通通的
十分十分誘人

你倒吸了一口氣
用吃奶的力氣啃碎它
然後放心地熟睡

落日

我豪情萬丈
一路飛奔過去
把那隻火紅的皮球
踢進西方的山坳

十一月二十日晨

讀書

一條蠶蝕盡桑葉
一頭鯨吞食漁舟

然後我排泄種子
撒播給明年春天

十一月廿二日晨

夾

窗外無端竄起
　一陣槍聲
天堂與地獄越移越近
給它們緊緊夾在中間
我喘不過氣來

近況

昨夜放水
今天濺血
明晨縱火
大總統天天關懷
一陣暴雨之後
上帝愁眉苦臉
下雪的日子
我被活埋了

十一月廿三日晨

早餐

一碟花生
一罐肉鬆
兩隻饅頭
一盃鮮奶
環侍在我四周
我是早晨的國王
且邀請顏淵共餐

午餐

一隻便當
一個我

灼灼的陽光
在窗外伴奏

白燭

頑皮的火燄
大口大口地
嚼食一支甘蔗

飛蛾說
眼淚是甜的

時間

把時間切碎
一粒一粒地
像燒餅上的芝麻
一口只品嘗一粒
而且不加茶

空屋

太陽在隔壁談笑風生
我聽了異常納悶
我終於推門而入
竟發現那是一間空屋

十一月廿八日晨

太陽城

我散盡家財
移民太陽城
攝氏一萬度
我感覺寒冷

十一月廿九晨

夜追

每天深夜
我追逐天上的星星
追了一顆又一顆
追了一程又一程
追到精疲力竭
乃俯伏在地
啜飲草葉上的露水

井蛙

我是一隻大青蛙
驟然一躍入你的井
不顧井壁的擠壓
自由自在地游泳

樹

我是一棵樹
栽在你的園子裏

你每夜灌溉我
我的枝枒直伸到天上
終於掩蓋了太陽

弓

我是一張弓
專門射一顆星星
射中了你就眼瞎
拔掉箭你便復明

刀

我是一把寶刀
專欒割太陽
割完了擦拭一亮
把陽光當作消夜

摘星的人

你的一千種微笑
洗滌了我的顏面
你的一千個影子
凝結成我的春天
你是閃爍的星星
我是摘星的人

十二月四日清晨

桃樹

愛情是一棵桃樹
春來時繁花滿枝
到盛夏果實纍纍
而秋末冬初
便開始凋零
只剩下幾片落葉
聊供路過的麻雀憑弔

十二月六日

砍日

我手持巨斧
直奔北極圈
砍劈不落地的太陽
一口氣砍了八十八片
堆積在後院
世界末日來臨時
好用來照明取暖

十二月七日晨

愛

愛情是一隻白兔
奔波於原野三窟

愛情是一片烏雲
時時打算下雨
哭完了隨即放晴

愛情是一汪大海
溺斃了無數精靈

郵差

郵差變成了詩人
詩人化身為大海
而那浩瀚的大海
是無遠弗屆的郵差

後記：再看義片「郵差」（寫智利大詩人聶魯達與義大利一小郵差的友誼故事）後有感而作。

海獅

海洋是一隻巨獅
吞食掉半個天空

我是一隻橘子
坐在岸邊
啜飲光陰

計程車上

司機不說一個字
我也不說一個字
奔馳的路在說話
窗外的風景在說話

短短的十分鐘內
說盡了一輩子的話

十二月八日

吻日

一輪碩大的旭日
把那扇靠海的窗子
整個地佔領了
我和她面面相覷
幾乎透不過氣來

猶豫了好一陣子
我終於不顧一切
隔著薄薄的晨霧
在海的伴奏聲中
跟她吻了一個長長的吻

十二月十日晨

下課以後

每次下課以後
總走一條彎彎曲曲的路
回家

剛才的書聲
猶在腦海裏迴盪
一百隻眼睛凝視我
我凝視無垠的天花板

回家的路上
週遭有鳥聲啁啾
我在沿途撒播種子

日禍

有一天黃昏
我在歸途上
突然被一巨大的車輪
輾斃

一小時之後
我悠悠復甦
抬頭仔細一望
只見它已墜入西山

十二月十一日晨

四季

春天，一幅水彩畫
鮮明，亮麗
令人神迷

夏天是一幅油畫
穠豔，厚重
使人入夢

秋天，一幅淡彩畫
淡泊，晶瑩
讓人魂縈

冬天是一幅蠟筆小品

·153· 四季

一片灰濛濛
催人入定

迷失

夕陽西下時
我走在山坳裏
尋覓一泓神祕的山泉
好沖洗天空與大地

而夜霧升起
我迷失了自己

天堂

天堂是虛懸的一隻音樂盒
隱藏在白雲深處
每個人伸長脖子
卻只聞到一縷幽香

誰能掀開它的盒蓋？
裏面許只有一隻蟋蟀
漠然地拍拍翅膀
向人間微覷一眼

橄欖

有人不識青橄欖：
淳樸彷彿原住民
三分鐘回澀為甘
泰然地皈依文明
至於甜橄欖：
可愛小白臉
嚼碎了，往下嚥
馬上就播映劇終

十二月十三日晨

盈盈

盈盈的光，盈盈的夢
盈盈的嫵媚
在一剎那之間
捕捉住一個天國

你的髮叢是竹林
你的微笑是秋水
你偶立在溪邊
彷彿上帝的一闋管絃

海

海是一隻大番茄
營養豐富，色澤誘人
供每個饕餮者享用
連那老太陽
也俯首彎頸
啜吸了一大口濃湯

擲日

一隻超級保齡球
狂熱地滾向天邊
我隨手拾起一擲
撞翻了十座高山

十二月十四晨

樹

樹伸展他的雙臂
向天空尋求友誼
蒼天派一團濃霧
掩蓋了整棵大樹
這是場猜謎遊戲
誰也不知道謎底

彼岸

彼岸的遲將軍
氣定神閒地告白：
「六四沒死一個人
街上非常寧靜。」
我聽見了
吐出飯來

真想挖一個地洞
把自己暫時掩埋
跟六四的英魂們
抵掌談天下大事
意氣風發的遲浩田
滔滔不絕地講演：

「早晚要火攻台灣
給大家瞧瞧熱鬧。」
我聽完了
再添一碗飯

後記：近日中共國防部長遲浩田訪美，大放厥詞，洵爲「千古名言」，不可無詩以記之。

埋

我打碎了宣德窯的古瓷
把它和淚深埋在地底
風吹日晒十天後
竟鑽出一株翠竹

哈蜜瓜

把太陽切成四瓣
分饗妻子與兒女

哈蜜出產哈蜜瓜
偶然昇起在東方

早晨

早晨堤邊的車流
緩緩地流入日報的
縫隙裏——
一泓污染的牛乳
奔波於鼻眼之間

死神

死神是我最好的朋友
經常對惡人揮拳
甚至三十壯丁亦戛然斷弦

雲生海上
雨飄幽谷
日出扶桑

哪個夜晚推門而入
說聲抱歉把我帶走
我亦無悔無怨

十二月十六晨

海　山

海是一隻聚寶盆
掀開來應有盡有

山微微一頷首
便投入海心深處

心鎖

我正要回過頭去
向命運索取鑰匙
你卻適時地
從海平面上湧現
自你飄逸的髮絲
我頓悟了一個事實
你是一把心鎖
鎖住了未來的我

太陽

太陽是一匹雄獅
衝鋒陷陣
無遠弗淪

太陽是一隻兔子
靈巧溫馴
萬縷柔情

太陽是一頭蒼鷹
昂然展翼
不知所終

軼事

邱吉爾對羅斯福說：
（那時他全身赤裸）
面對我們的盟國伙伴
我完全無所隱瞞

每當午夜乍醒時
我總仿效溫斯敦
彷彿耳聞空谷的足音
感受到淡淡的溫馨

海翔

海展翼飛翔
於萬山千嶺之上
上帝肅立於右側
有如啦啦隊模樣

夜晝

無邊的黑夜
靜悄悄地
埋葬了萬物

豪放的黎明
喜孜孜地
創建新天地

美心

一陣夢鄉的微雨
撲落在我的睫上

我永不知悉：
子時的你是什麼色彩

所謂美，就是你的眼波
在椰子葉縫裏
釀造陽光的美酒
所謂夜，就是你展露
透明超脫的生命

巷戰

我和你裸裎相對
一起討論宇宙的奧秘
一場激烈的巷戰之後
我沉沉入睡
醒來，枕邊落滿了
冰冷美麗的星子

十二月十七日

愛的習題

你是我愛的習題
每秒做一題
翻來又覆去
愈做愈著迷

凌晨做愛的習題
題題都是詩
愈做愈憂鬱
愈做愈詭異

黃昏做愛的習題
題題都像雲
題題都是謎

每個子題都押韻
愛的習題已寫上身體
一寸肌膚也不漏
愛的習題也藏在心裏
每顆血球是一題
愛的習題落入大海中
頓時湧起波濤萬頃

鈴聲

濃郁的鈴聲曾經
掀開紅海，讓摩西
率領著徒眾
邁向光明的未來

如今，鈴聲已熄
　　摩西已死
我依然懷念那濃郁
　　那大海
遂躺臥下來
凝結成岸邊的巨石

十二月廿日晨

嶄新的太陽

一輪嶄新的太陽
終於誕生了！
這是上帝親自孵卵
所獲得的最佳成果
忍受了一億年的寂寞

天堂的隔壁
天使們在開慶功宴

十二月二十一日晨

國會議員

他們擅長下棋：
圍棋跳棋軍棋

他們喜歡跳舞：
扇舞劍舞狐步

他們熱中泡茶：
紅茶綠茶烏龍

他們不時放火：
煙火砲火鬼火

他們熱愛唱歌：
兒歌情歌戰歌

他們天天拔河：
銀河恆河黃河

他們相率游泳：
天池紅海深淵

他們發明新聞：
熱門冷門幻夢

他們走在街上
昂頭闊步煙視

他們奔向天邊
風雲為之色變

十二月二十一日下午

紅蠟燭

我是一株紅蠟燭
矗立在講台中央
每次燃亮三小時
用我的聲帶發光

十二月廿三日

踢日

太陽像一隻大皮球
在天邊滾來滾去
我突然興起學童的欲望
猛地一腳踢過去
踢翻了
自己

十二月廿四日

山路

我把雪梨郊外的一條山路
細心地攜回台灣
安置在我的夢鄉

那個失魂落魄的六月清晨
從此便蛻化為
一則輕盈的神話

十二月廿五日

附錄一

一面小旗，滿天風勢

——評張健的詩集《春夏秋冬》

古遠清

張健新出的詩集《春夏秋冬》（台灣，文史哲出版社一九九六年三月版），若以詩體分析，則自由詩、格律詩兼備。其中自由詩體獨盛，抒情小詩又佔了最大篇幅。作者是位大忙人，既要上課、閱卷、指導論文、演講，又要參加各類文學獎評審，自己還右手寫論文，左手搞創作，他自然沒有從容的時間去寫長篇抒情詩或敍事詩，只好忙裡偷閒，把自己的日常感受用小詩的形式記錄下來。《春夏秋冬》所收集的，便是他繼詩集《神秘的第五季》後一九九四—一九九五年間的作品。

張健寫詩，從不追求數量，不爲名利而寫，是典型的爲情造文，而非爲文造情，故他的作品多有眞情實感。這眞情實感並不是不加修飾地表現，而是用精巧的構思將其體現出來。試讀開篇〈閱卷場〉：

一群農夫在水田裡
彎腰拱背插著秧

左盼，右顧
足蹈，手舞
暮色迅速地壓下來
農夫們遂鋪成了大地

如不看標題，眞的以爲是寫一群農夫在水田裡插秧。可看了標題後，才知道作者是將閱卷場比作水田，將正在閱卷的老師比作彎腰拱背插秧的農夫。人們常埋怨學校生活單調，難以發現詩意。張健並不這樣看，他善於「左盼」「右顧」，從枯燥無味的閱卷勞動中表現老師們「足蹈」「手舞」之美。如此平凡的閱卷工作到了他筆下，竟然情趣盎然，不能不使人佩服作者「無物不可入詩」的本領。

短至兩行，長至六行、八行的小詩，當然難以反映時代的風雲變幻。與史詩性的作品相比，自然有一定差距。不過詩作的優劣是不能以篇幅論長短的。只要經營得法，咫尺之間仍有可馳騁的天地。像〈政壇近況〉：

每個人都在磨他的假牙
每個人描他的眉毛
看熱鬧的已經星散

電視台關門大吉

這是毫無詩意的題目。可當你讀了第一句後，不禁莞爾微笑。用「假牙」的意象寫政客的行騙術，用「磨」字道出他們梳妝打扮、粉墨登場的醜態，正可當詩眼看待。男性的「他」在描眉毛，更催人嘔吐。後兩句雖然平淡些，但仍形象化，且具有高度的概括性。這樣的短詩，雖然只有四句，卻勝讀一整版的新聞報導。

余光中先生曾將優秀的短小雜文喻爲「一面小旗，滿天風勢」（〈烹小鮮如治大國〉，見潘銘燊：《小鮮集》，楓橋出版社一九九五年一月版）。張健的小詩，也是一面迎風招展的小旗，旗小而風力大。試讀〈選戰之後〉：

所有的戰旗都已死去
所有的語言都已腐爛
連太陽都躲到懸崖下避難
藍天鐵青著臉

遊街謝票的人
嘔吐出滿街的硫酸
沿街的窗紛紛聾啞
而立法院鑼鼓喧天

正張羅另一場激戰

寫選戰，可有多種不同的角度，如寫各派政治力量的激鬥，寫賄選的醜聞，可作者均把這些統統略去，只挑選「遊街謝票」的場面寫。正是通過這個鏡頭，反映了選戰的全過程。這是一種十分高明的筆墨。其高明處還表現在作者對這場選戰的蔑視，用司空圖的話來說是「不著一字，盡得風流」。像開頭連續兩句「都已死去」、「都已腐爛」，包含了豐富的內涵，值得讀者反覆吟味、咀嚼。「嘔吐出滿街的硫酸」，「嘔吐」一詞用得巧，「硫酸」的意象選得妙。下一句將「窗」擬人化，用「聾啞」二字去形容它，把市民的厭惡之情表達得淋漓盡致。結句更是奇峰突起，與前面寫的「熄滅」正好構成了鮮明的對照。

張健寫得最好的詩，也許不是這類政治詩，而是那些哲理詩、詠物詩、愛情詩。像〈人生〉，道盡了作者對人生的複雜感受。本來，以「網」喻人生，別人不知用過多少次，可到了張健筆下，仍寫出了新意，可謂是襲舊彌新。〈高爾夫〉，結句「把太陽打進了洞裡」，可視爲全篇之警策。要是換成「打球打到太陽落山」，那就是散文而不是詩了。張健小詩詩味之醇厚，於此可見一斑。〈父親〉以「茶杯」、「氣味」這兩個不同的意象喻父親對兒女的不同態度，讀後使我這個當父親的也不禁把這篇作品作爲一面鏡子照照自己，反省自己。其他讀者讀了恐怕也會和作品中寫的父親那樣，「品味半天」。〈回報〉無任何說理成分，只通過「落葉」與「大地」的親密關係，將人情世態摹狀得栩栩如生，不愧爲一首充滿情趣的小詩。〈十滴眼淚〉寫得較爲費解。比如說，這眼淚是由歡樂引起的，還是由悲哀導致的？眼淚爲什麼剛好十滴，這「十」有無寓意？這詩瓶中裝的是什麼「酒」，詩中的確沒有絲毫透露，但這不妨礙我們喜歡這首詩。詩如寫得太淺顯，一看就懂，那就沒味道了。讀者完全可以根據自己的生活經驗去想像，補充詩中提供的內容，和作者一起完成藝術的創造。

「欲言又止」的〈即景〉，也是一首難得的佳構：

一隻白鷺企立在水田中
一首詩飄落在堤邊的野草裡

把一對情侶在清澈的小溪邊散步喻成「一首詩」，然後又配上一隻企立在水田中的白鷺作背景，眞是詩中有畫。而後半段只見景不見人，則爲畫中有詩。「欲言又止」的談吐和太陽欲出未出的鏡頭，均含不盡之意見於言外，這正應了一句俗話「好花看在未開時」。此詩有唐人絕句的情趣，作者深厚的古典文學修養在這裡得到了極好的運用。

小詩是一門雅致的藝術，它有不同的層次。張健或明朗，或朦朧，或深沉，或雋永的作品，滿足了不同層次欣賞者的需要。在常人的眼裡，「無所不寫，無所不吟」的寫法也許過於濫，然而，張健卻從拔牙、鈕扣、打烊、垃圾、毛蟲、螞蟻、安眠、失眠中發現了詩美，並化腐朽爲神奇，使司空見慣的題材發掘出詩意，並美化純潔著人們的心靈，這本身不就是一種藝術創造麼？

張健寫小詩，有如江邊的小鮮。這小鮮「並非滿漢全席，只不過是家鄉小吃」，然而它勝過宴席上的魚翅。謂予不信，就請讀者自己去品嘗吧。

附錄二

從書房到銀河系

——談張健詩集《春夏秋冬》

洪淑苓

《春夏秋冬》是張健先生的第二十三本詩集（民國八十五年三月，文史哲出版社），收錄八十四、八十五兩年內的二〇五首作品。以短小精煉的小詩居多，這是他近年來詩作的風格，想像奇特，詩意奇詭，在題材上也展現了「無物不可入詩」的信念（見其〈自序〉），可說是現代詩壇的一枝「健筆」（古遠清語，見其〈附錄〉），以下即略窺其詩中世界。

以想像穿透星空

豐富的想像力，是本書最令人讚歎的地方。作者爲台大中文系教授，所學所想，固然體現了學者的精神涵養，但他顯然更著力於對宇宙空間的想像運用，許多意象的觸發，都是來自於大自然的屬物：太陽、月亮、地球。大海與雲朵，在他筆下，都能亦莊亦諧地描摹，賦予生動驚奇的形象，拓展讀者的視野。〈太陽〉、〈月夜〉、〈特大號〉、〈藍色大鋼琴〉、〈泛濫〉等作品，都值得欣賞。而這其中對於銀河系星體的聯想，更充滿了悠悠情思，〈讀畢〉詩：「讀畢一部經典之後／我悄悄抬起我的頭／拂一拂衣袖／揮散了滿天星斗」（頁一八二)，〈安眠〉詩：「我走進最遠最高的一顆星／安眠了一個夜晚」(頁二〇九)可以想見，在一天的教學研究之後，作者鬆弛精神，悠遊於浩瀚星空。這種想像與寄託，令人也因之心曠神怡。

〈鈕扣〉詩，尤堪玩味：

我是抽屜裡的一顆鈕扣／請將我輕輕取出／縫在銀河系的／右上角(頁七四)

詩只有四行，竟象與空間場景的變換，卻是瞬間頃刻，令人目不暇給，一粒閒置在抽屜內的鈕扣(原因不明，更耐人尋味)，搖身一變爲眩目的明星；原本可能蒙塵生銹，而今卻散發熠熠光輝；原本不見天日，而今卻居高臨下，俯看人間，這種等待、執著，或許正是作者一再仰望、想像星空的原因。

銀河系的行吟詩人

本書作品在自我形象的塑造上，有多方面的投射，類似「我是」的暗喻句子很多，也一一反映出作者的自我，但總括而言，作者時常展現他的書生懷抱，把自己看成和孔孟荀老莊一樣的檔案(〈檔案〉)，也有杜甫「安得廣廈千萬間，大庇天下寒士俱歡顏」的理想(〈大廈·石頭〉)，同時也有歷史的失落感與寂寞感(〈選擇〉)、(〈覓〉)。而〈自白〉詩以螞蟻和水仙來譬喻，更明白表示，在現實生活中，自己也和一般人一樣，如螻蟻之苟活，但他更有自己的堅持，因此能夠超脫，成爲高潔的水仙。

不過，這都是比較傳統式的抒發和寄託，有的作品散發的是跨越時空的雄心壯志，特別是面對世紀末的衰頹，作者更有如火山爆發的熱情，要做跨世紀的使者。〈困〉詩藉小我之困喻全人類的困境，但其希望所在，卻指向未來的新世紀；〈二十一世紀〉詩更表明了這種企圖，在跨越世紀之際，他將用他的熱情來引爆新世紀的開端；〈特使〉詩較溫和，但他自命爲世紀末登上火星，「唯一的宇宙常任特使」（頁六四）。類似這些作品，相當具有時代感，同時也讓讀者感受到那開闊的想像氣勢。

在現實的世界裡，作者有清高的人格理想；在想像的世界裡，用作者自己的詩來講，他是一個詩人，但他更要做一個銀河系的行吟詩人，如〈移居〉詩：「我單槍匹馬／移居太陽國　在酷熱之中，行吟／地球的史詩」（頁六二）這眞是一幅最佳的自畫像。

和死神擦身而過

張健先生不僅想像靈妙，他對人生的洞察，更有慧黠聰敏的體會，〈二重奏〉、〈時間〉、〈人生〉等作品，就表現了獨到而雋永的主題與意境。〈死亡〉詩尤應一提。

> 我看到一位窈窕的黑衣女郎／在每一個街角等我　我不顧一切／慷慨激昂地擁抱她／然後不發一語／轉身離去（頁一八二）

是什麼樣的人可能如此倨傲地面對死神？這首詩前段點出死亡逼迫的緊張氣氛，後段卻有反高潮的效果，不是「我」死於死神下，而是「我」棄死神而去！據所知，作者曾經發現癌症而手術康復，這應是他的切身經驗，但也令人讀之而鼓舞，原來人可能活得如此理直氣壯！《春夏秋冬》這本詩集，還寫到了愛情、社會、政治，乃至拔牙等平凡瑣事，但善用想像力，則一切事物都有了新意，張健先生的妙筆，爲我們描繪了神奇瑰麗的四季。